SOMBRAS LONGAS

SOMBRAS LONGAS

PATRÍCIA LAVELLE

/re.li.cá.rio/

© Relicário Edições, 2023
© Patrícia Lavelle, 2023

Dados Internacionais de Catalogação na Publicação (CIP) de acordo com ISBD

L399s
Lavelle, Patrícia
Sombras longas / Patrícia Lavelle. – Belo Horizonte: Relicário, 2023.
108 p. ; il. ; 14 x 21 cm.
ISBN 978-65-89889-76-2
1. Poesia brasileira. I. Título.
CDD B869.1
CDU 821.134.3(81)-1

Coordenação editorial   Maíra Nassif Passos
Editor-assistente   Thiago Landi
Projeto gráfico e diagramação   Caroline Gischewski
Capa   Tamires Mazzo
Revisão   Thiago Landi

/re.li.cá.rio/

Rua Machado, 155, casa 1, Colégio Batista
Belo Horizonte, MG, 31110-080
contato@relicarioedicoes.com | www.relicarioedicoes.com
@relicarioedicoes   /relicario.edicoes

Para Gabriel em sua maioridade.

Agradecimentos

No processo de finalização deste livro, tive o privilégio de contar com a leitura cuidadosa e as sugestões de Célia Pedrosa, Paulo Henriques Britto e Simone Brantes. Fico imensamente grata por sua atenção delicada e crítica.

Também agradeço especialmente a Luci Collin, pela generosa acolhida do manuscrito ainda inédito em sua coluna na revista *Pessoa*, a Inês Oseki-Dépré, pela tradução em francês e pela inclusão de alguns destes poemas em sua antologia de poesia brasileira contemporânea, a Jesús Montoya, pelas traduções em espanhol e pelas mensagens encantadoras, a Maíra Nassif e a toda a equipe da Relicário, pela acolhida sempre atenciosa;

a Marc, por tantas coisas que nem sei dizer.

"alguma coisa=X" sem sentido, fugitiva, instável, indefinida, não mais que um murmúrio de vento, um jogo de sombras mágico.

J. G. Hamann

SOMBRAS CURTAS

Quando chega perto do meio-dia, as sombras são só bordas escuras, estreitas, ao pé das coisas, prestes a se retirarem sem ruído, bruscamente, em sua estrutura, em seu segredo. Vem então, em sua plenitude concisa, compacta, a hora de Zaratustra, do pensador no "meio-dia da vida", no "jardim de verão". Pois o conhecimento, como o sol no ponto mais alto de sua trajetória, traça, das coisas, o contorno mais rigoroso.

W. Benjamin

15 **Palavra e imagem**
Paulo Henriques Britto

21 **Sombras longas**
  23 Mãos negativas
  24 Mãos positivas
  25 [Um ritmo]
  26 A origem do mundo
  28 Anônima
  30 Materiais para fazer mundo
  31 "Não sei o quê"
  35 Artemisia Gentileschi
  36 Sombras longas

37 **Pontos de vista**
  39 I
  40 II
  41 III
  43 IV
  44 V

45 **Um fio de voz**
  47 Fios entremeados
  49 Filomela (I)
  50 Nomear
  52 Filomela (II)

53 **Deslocamentos**
- 55 Fábula
- 56 O eu e eu
- 59 Ekphrasis
- 60 Espelho
- 61 Golem (I)
- 62 Golem (II)
- 63 Uma indefinição
- 64 Interior burguês
- 65 Wohnungsgemeinschaft
- 66 [Inspiro a neblina das palavras...]
- 67 Quadrilha
- 68 Reflexo de Safo
- 70 Bildung
- 72 Uma conversa com Orides Fontela
- 74 Ecos reflexos

77 **Confinamento**
- 79 Diário
- 83 Data
- 84 [Sou algum lugar...]
- 85 Origem
- 86 Onde (I)
- 87 [O corpo que flutua...]
- 88 Quando destroços do meu coração foram bater na praia

93 Achados & perdidos
    95   Autobiografia
    96   Soneto encontrado num pedaço de prosa
    97   O metro e o imenso
    98   Onde (II)

101 Fontes iconográficas

103 Poemas deste livro publicados anteriormente

107 Sobre a autora

Palavra e imagem

Paulo Henriques Britto

Num primeiro momento, talvez o que mais chame a atenção neste novo livro de poesia de Patrícia Lavelle seja a ênfase no visual. Não que uma forte visualidade estivesse ausente de seu livro anterior. *Bye bye Babel* (2018) já continha alguns poemas acentuadamente imagéticos, como "Um sonho" e "Varal", para citar apenas dois. Mas aqui a presença das imagens é ainda mais explícita. Toda a primeira seção do livro consiste numa série de écfrases – poemas que descrevem ou aludem a pinturas ou fotografias – acompanhadas das suas reproduções. As imagens variam desde pinturas rupestres, como as mãos da Cueva de las Manos, no sul da Argentina, a obras de Michelangelo, Élisabeth Vigée Le Brun e Artemisia Gentileschi; e em uma outra seção do livro há poemas que dialogam com Paul Klee, com a artista brasileira contemporânea (também poeta) Leila Danziger e com fotografias de Vivian Maier. De modo diferente, poesia e imagem se aproximam em "Golem II", um caligrama engenhoso que, no entanto, não descuida do plano sonoro, sendo composto basicamente de pentassílabos e hexassílabos disfarçados.

    O que levanta outro ponto importante: a maneira como Patrícia Lavelle elabora a forma poética. Numa produção ainda reduzida – dois livros e uma plaqueta (*Migalhas metacríticas*,

2017) –, a autora cobre uma extensa gama de recursos formais. Num extremo, vamos encontrar uma das mais clássicas das formas, o soneto, quase sempre modificado de modo criativo. Ele, que já vinha retrabalhado em Bye bye Babel, neste novo livro é representado tanto por "Soneto encontrado num pedaço de prosa" – decassílabos brancos que terminam com uma insistente rima incompleta em *i*, culminando na repetição de "isso" – quanto por "O metro e o imenso" – em que o esquema de rimas irregular mantém uma circularidade, começando com rimas em "-enso", passando para "-era", "-oz", voltando a "-era" e fechando novamente "-enso", sendo "imenso" a palavra que abre e fecha o poema. Por outro lado, vamos encontrar alguns poemas em prosa, como a terceira e a quarta parte da série "Pontos de vista", ao lado de textos que se iniciam em prosa e aos poucos se dissolvem em versos, como "Fios entremeados" e "Ekphrasis". Entre os dois extremos, Patrícia utiliza diferentes combinações de versos livres propriamente ditos com métrica variada, com o predomínio de metros curtos, como o pentassílabo em "Golem (I)", e do heptassílabo em "Filomela (II)".

Em "A origem do mundo", a combinação de prosa e verso livre ecoa, no plano da forma, o paralelo entre reflexão filosófica e elaboração poética: partindo-se da imagem freudiana do ponto umbilical em que todo sonho foge ao alcance da especulação racional, chega-se à justaposição entre o umbigo paradoxal das figuras no afresco da Criação da Capela Sistina e a vulva retratada por Courbet. Essas e outras imagens nos levam à temática do feminino, que aparece mais acentuada neste livro do que em Bye bye Babel. Além de um grupo de poemas em torno dos mitos de Filomela, Ariadne e Penélope, há textos que dialogam direta ou indiretamente com poetas como Safo, Adília Lopes, Elizabeth Bishop e novamente Orides Fontela, já evocada no primeiro livro.

Outras duas temáticas importantes – e associadas à do feminino – são a questão do eu e a natureza da palavra. Ambas surgem interconectadas em algumas das peças mais impactantes do livro, como "O eu e eu", "Espelho" e "Reflexo de Safo", bem como "Bildung", a écfrase sobre o trabalho de Danziger em que os motivos do eu e do espelho reaparecem em ligação com a figura do livro –

Num álbum vermelho
em espelho, em enigma
sou a que forma
e o informe
em formação

livro em branco
fechado
entre páginas, asas
abertas

– uma imagem que, num poema escrito por uma estudiosa de Benjamin, não poderia deixar de evocar as asas do *Angelus novus*, de Klee.

O que mais distingue a produção de Patrícia Lavelle, tanto na poesia quanto no ensaio, é sua inteligência agudíssima, o diálogo permanente que ela estabelece com autores centrais para sua formação: Kant, Hamann e Benjamin, entre outros. Transitando entre o decassílabo e a prosa poética, dialogando com poetas, artistas e pensadores, Patrícia Lavelle é uma das vozes mais sofisticadas da poesia brasileira de nosso tempo.

Sombras longas

20|21

Mãos negativas

Era o caos dos começos no fundo da gamela
e as mãos estavam ocupadas

Primeiro devem ter juntado
sangue terra gordura cinzas,
depois, no oco de um osso,
levaram à boca o líquido
cuspiram e sopraram:
em torno de futura ausência
projetaram auras vermelhas
púrpuras róseas brancas

Talvez a cor fosse voz,
polifonia entre canto e grito,
talvez a luz fosse letra,
palavra fabricada em negativo
numa língua ainda líquida

Mãos positivas

Vestígios das sombras impressas no fundo da caverna,
    [as mãos
vieram do escuro do silêncio, na miniatura da fotografia,
como iluminuras, monogramas, assinaturas aquém
de qualquer alfabeto,
e chegaram às mãos que agora escrevem

De quem eram? O que fizeram? O que seus gestos dizem
    [sobre as origens?

Perguntas sobre o que se passou numa caverna há mais
    [de dez mil anos
com certeza dizem muito sobre quem
e quando
quis saber
o quê

Há menos de dez anos cientistas descobriram que as mãos
na gruta do vale do rio Pinturas, na Patagônia,
eram todas de mulher

Um ritmo
agita fluidos íntimos
e cresce sob a plástica acústica das palavras
estica, líquido, a sua pele elástica
                                        até romper parir

criar

A origem do mundo

Na *Interpretação dos sonhos*, Freud evoca um ponto onde
   [todo sonho é insondável
– "um umbigo, por assim dizer, seu ponto de contato
com o desconhecido"

No teto da Capela Sistina, a origem é uma imagem
conforme aos cânones mais conservadores
do sonho que assimila criação e criatura
em duas figuras masculinas.

Tal "imagem e semelhança" já foi até contestada
– se é que uma imagem pode contestar outra imagem
por analogia e dissemelhança –,
mas no afresco de Michelangelo
um ponto permanece aberto ao insondável.

No ventre do homem é bem visível,
mas também sob a túnica branca de deus,
transparente reentrância assombra:
vértice
vórtice
e vertigem
de uma outra origem?
Cicatriz da ligação com mito mais antigo ou ponto de contato
com aquilo que, na representação de toda origem,
tem um vago *air de famille*, mesmo se de si desconhecido,
com aquele quadro de Courbet –
o que intriga, na imagem de deus,
é seu umbigo.

Anônima

Da sombra de seu amado fixada à tinta numa parede
a moça grega fez uma imagem semelhante

Séculos depois, Plínio, o Velho,
relatou em latim esta origem erótica do retrato
mas a deixou anônima
à sombra do nome do pai, o oleiro Butades

Plínio conta que o artesão cobriu
de argila
o desenho da filha
e no barro moldou
de novo
a assombrosa semelhança
por ela
capturada

Ficou conhecido em toda Grécia
como inventor
do medalhão de cerâmica
em baixo relevo

Da moça, nada mais sabemos

Mas de seu gênio erótico
capaz de desdobrar contornos
do indefinível assimilar-se de um outro como eu,
assombra-me, daqui desta distância, certa semelhança
com o pouco que sobrou
das obras de Safo

Materiais para fazer mundo

As sobras e as sombras

Líquido amniótico

Golem, idem

e sopro

"Não sei o quê"

Os antigos acreditavam que as sombras sobreviviam
aos corpos, mas se confundiam,
anônimas, no Hades.

Élisabeth Vigée Le Brun viveu no declínio do Século das Luzes.

Ela conhecia a história da moça grega sem nome
que traçou o primeiro retrato
em torno da sombra do amado,
mas confiava em seu próprio renome.

Compreende-se que tenha traçado os próprios traços
em inúmeros autorretratos:
do incessante movimento, da série infinita de rostos,
fixou contornos invertidos
numa vertiginosa investigação
desse "não sei o quê"
inegável inefável
a sombra invisível de si mesma
nos reflexos do corpo em mutação.

Artemisia Gentileschi

Olho no espelho e te prevejo, além do reflexo, face à moldura – quanto tempo nos separa?

"Audácia e Ironia", "Ousadia e Escândalo" seriam bons títulos para o retrato desta que retratando um homem se retrata. "Alegoria da pintura" é o título que lhe dei, embora seja meu autorretrato.

Veja bem, pintando sempre faço de mim mesma outra imagem. E não só porque a imagem
no espelho é outra, do ponto de vista que a vê, ou porque refletida sou outra, e não mais aquela que fui.

Desta alegoria fiz autorretrato.

Foi preciso então pintar nos traços inacabados de outro rosto, no desejo que assombra seu semblante ainda sem olhos, o gesto preciso que os traça. Eu sou esse processo, esse projeto – previsão do teu olhar, que agora vê.

Sombras longas

Nas sombras que um foco de luz
projeta no fundo de uma caverna

Platão projetou a imagem do saber
ilusório das imagens

O meio-dia é a hora lúcida, a hora do rigor vigoroso
pensava Nietzsche, sem a sombra de uma dúvida

Mas certas verdades sobrevivem à sombra:
são elas que obram nas sobras
e como sombras se alongam
quando declina o ângulo
de incidência
da luz

Pontos de vista

I

As duas fotografias são banais
registros
de um passeio no Parc des Buttes-Chaumont,
uma das raras saídas permitidas
no outono confinado de 2020.

"Uma ironia da natureza esse excesso de luz nas folhas amareladas
em pleno mês de novembro",
foi o que pensei, e refiz um clichê.

"Le sentiment de la nature aux Buttes-Chaumont"
é o título do ensaio que Aragon escreveu
sobre esse jardim cultivado, no século XIX,
em cimento armado
por cima de colinas de lixo.

II

"Você é o resumo de um mundo maravilhoso,
o mundo natural", leio na página aberta ao acaso.

E isto já não é sobre o jardim nem sobre o sentimento de
natureza.
Isto é sobre "A Mulher".

Mas isto aqui também não é sobre A Natureza, e nem mesmo
sobre a ironia involuntária na espontaneidade do sentimento,
artificial e cultivado,
que me levou a fazer duas fotos bem comuns
da mesma árvore,
uma árvore
qualquer.

Dois pontos de vista sobre o mesmo,
perspectivas diversas
sobre algum
ponto.

III

Abrigada sob a árvore, confundo sua sombra e meu próprio foco, emoldurado pelas folhas amarelas. Do alto da pequena colina, compartilhamos o mesmo ponto de vista ligeiramente elevado. Uma bela perspectiva se estende aos nossos pés, enraizando-os no solo. E o vento que agita as folhagens também faz sussurrar em silêncio palavras decisivas.

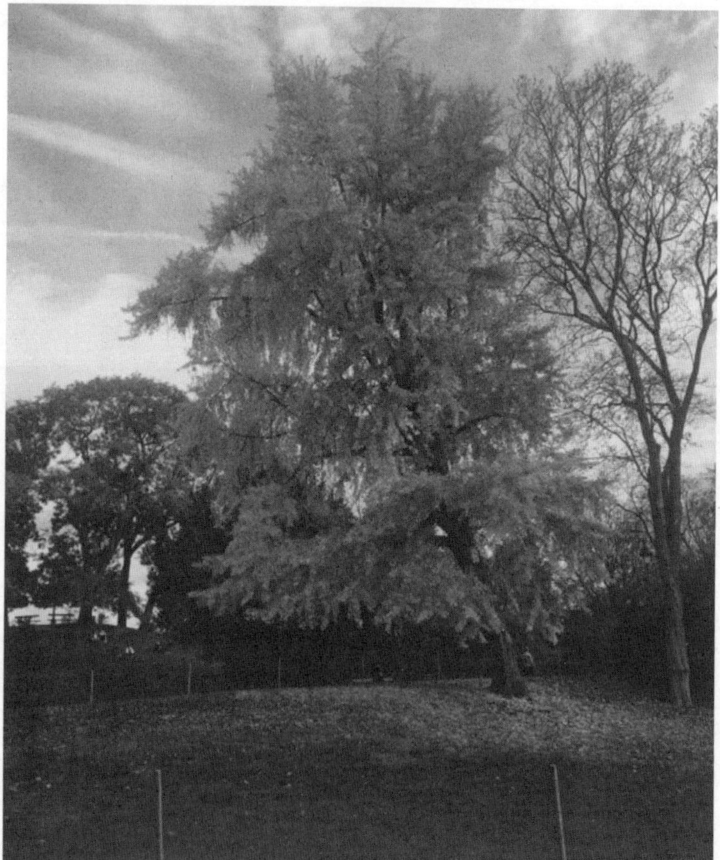

IV

Ao pé da colina, a certa distância, a árvore cabe inteira na imagem. Mas atrás da cerca, no alto da ligeira elevação, permanece indiferente. Sob o sol, as folhas amarelecidas nos galhos elegantes me encantam; mas apesar da brisa, não compartilham comigo os seus segredos. Deste ponto de vista, estamos apartadas, e suas raízes já não garantem o chão em que piso.

V

Aí, caro leitor, eu te pergunto:
e se a árvore não fosse só uma árvore, mas também uma
coisa abstrata,
algo como a linguagem a história a cultura
ou talvez tudo isso
misturado
num único ponto
de vista?
E se esse ponto de vista
único fosse
justamente
aquele em que você fica
de fora?

Um fio de voz

Fios entremeados

Filomela era a filha mais nova do rei de Atenas, sua voz de mel e de lira era célebre em toda a Grécia. Ela vivia na corte do pai entre versos e teares, quando Tereu, o bronco rei dos trácios, veio buscá-la a pedido de sua irmã, Procne, com quem era casado. Mas ao invés de conduzir a cunhada até sua casa para uma visita, como prometido, ele a estuprou no caminho. E para impedi-la de gritar, talvez por receio de ver seu crime denunciado, ou quem sabe apenas para roubar-lhe o que não podia ter

cortou sua língua

Filomela então fez com fios uma outra voz

Ariadne fez de seu fio, confiado a Teseu, a saída do labirinto

Fiou assim o fim do Minotauro, mas errou

           ao confiar em Teseu

que depois a abandonou numa ilha porque temia
    [ficar enredado

na teia de suas tramas

Penélope desfez do fio

fidelidade

e teceu em vida sua própria mortalha

Seu ardil de espera e renúncia foi assim muitas
    [vezes louvado

Filomela (I)

A-melódica, música
que me falta
e faz
aquém e além da língua
o corte:
canto que ecoa mudo
fluxo e fio.

Minha voz é essa falta
que trans
 borda:
imagens costuradas
na pele fina
do pensamento

Nomear

Um farfalhar de asas na palavra
muda
aquém de toda metamorfose,

Adília Lopes diz:

"A minha Musa antes de ser
a minha Musa avisou-me
cantaste sem saber
que cantar custa uma língua
agora vou-te cortar a língua
para aprenderes a cantar
a minha Musa é cruel
mas eu não conheço outra"

A barbárie das transmissões e das perdas cortou aqui e ali partes da história que o poema de Adília subverte e desloca, muitos séculos depois de Ovídio e da voz medieval anônima que se esconde no nome Chrétien de Troyes. Da fábula de Esopo, vestígio ainda mais antigo, sobrou uma conversa entre Procne e Aédona, ou Andorinha e Rouxinol, na maioria das traduções. Mas antes de figurar a arte épica dos aedos, Aédona designava um outro pássaro de papo vermelho-sangue e

fio frágil de voz num canto entrecortado, o tordo. O corte,
anterior ao conto, cindiu o mesmo nome em duas aves

"Eu hesito", dizia Safo, "pois sinto um duplo pensar em mim"

Na língua cortada da poeta, uma ausência hesitante
nomeia o corte no canto
o canto no
corte
a musa
na muda

Filomela
é aquela que ama o canto,
como a filósofa
busca o saber,
e a filóloga,
as belas palavras
em seus palimpsestos

Filomela (II)

Com o fio da navalha
na urdidura do silêncio

o que tramo é quase
um grito
quase um canto

Deslocamentos

Fábula

Arquimedes procurou um ponto fixo
para deslocar o mundo de seus eixos
com uma alavanca
mas não achou nada no mundo
que não fosse deslocável.

Descartes pensou "eu penso"
e concluiu que era um ponto fixo
onde podia dependurar o mundo.

Se tivesse mudado de posição, talvez pensasse:
"eu penso, logo
desloco-me"
e passaria a examinar o funcionamento
de sua alavanca.

O eu e eu

Nem é preciso dizer
você já sabe: eu
sou
o sujeito aqui
deste enunciado.

Estou entretanto
fora dele
e de fora
o observo
espantada.

Pra falar do eu
(que seja o meu
ou o seu –
esse que em todos fala)
substantivo-me
masculina
num passe de mágica;
traumática, sequer,
a operação gramática
em todo caso
não doeu.

Aos trancos e barrancos
entre cacos
estilhaços
seguimos lado a lado:
o eu
homem de palavra
e eu
que sempre
de um passo
o ultrapasso.

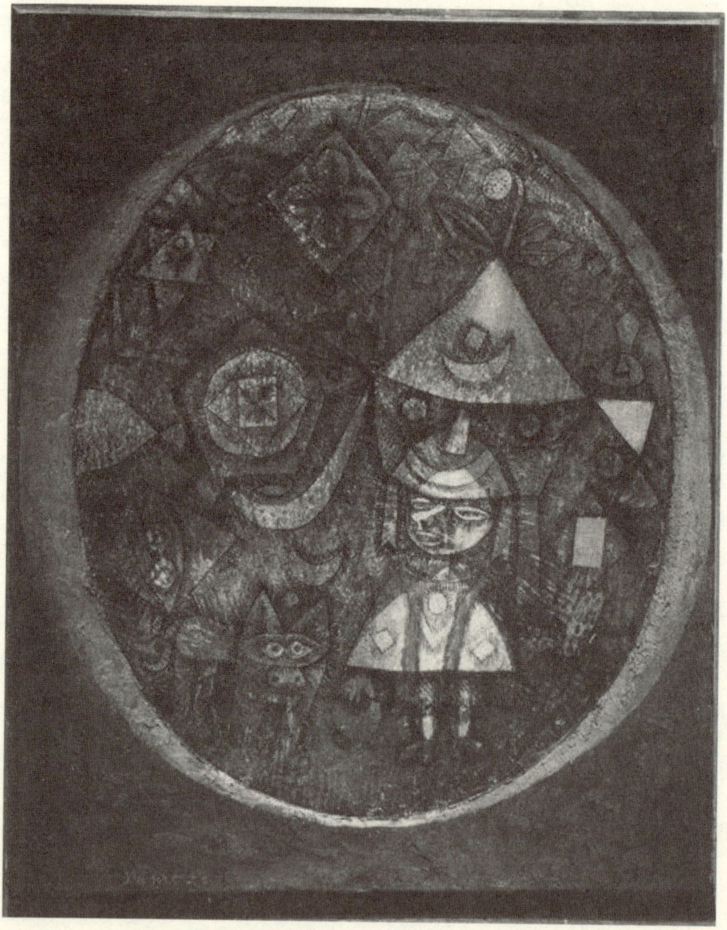

Ekphrasis

("O conto do anãozinho", de Paul Klee)

Essa história se projeta no quadro como a sombra rubra do gato na madrugada ainda escura. Mas a reconheço nos pré-textos que leio em mim enquanto escrevo. O nome do homenzinho, que decifro nesses palimpsestos, há muito é meu e seu conhecido. Se reparar bem na imagem, vai ver que ele traz consigo, como uma espécie de acessório, esse disfarce de fada Mim que você encontra em estatura diminuta a cada vez que espia pela fresta, na fechadura da memória, e às vezes também assombra no rosto que te deforma
    quando
        do fundo do espelho
  apenas olha

Espelho

esse corpo que tenho
e que sou:
mundos moventes
metamorfoses
que uma forma pronominal
vazia
unifica e preenche
em fluxos reflexos
penso:
eu, máquina do mundo
quem?
na imagem ninguém
reconheço
traços deformados
no espelho de papel
contam histórias
sobre você

Golem (I)

palavra de barro:

elástica liga
do âmago, ânimo
e imagem

palavra de vidro:

o que deforma
o líquido
dá forma
ao vaso

verdade é sopro
que ateia e apaga
o fogo

palavra de carne:

palavra em carne
viva

Golem (II)

Argila ardilosa-
mente em sopro
modelada

o Golem na palavra
aspira pensamentos

coisa feita letra pura massa informe
a forma vazia
presa no poema

move	move-se
os fios	no fluxo
da minha	da tua
da tua	da minha
inconsistência:	consciência

Uma indefinição

O "eu lírico" é um pronome transcendental em carne viva: sopro e argila, corte aberto e fio de sutura, uma ponte entre dois rios; é aquilo que cola entre os cacos de Safo, a língua mutilada de Filomela na fina estampa do tecido, e em todo caso

"não fui eu"

Interior burguês

É a ideia da casa
que te parece
inadequada
e tão gasta –
uma palavra
que você encontra sempre
na boca dos outros,
e não poucas vezes se oferece
oca
como um cavalo
como um presente
que não pode
que não se pode
aceitar.

Wohnungsgemeinschaft

Na palavra a casa
e a comunidade na casa
a casa como habitação
em comunidade
hábito de habitar
em comum.

Na raiz da própria palavra
no mais próprio da palavra
a casa, enfim comum?

O lugar comum da casa
no clichê kitsch da catacrese
ser ou não ser
um *ready-made self*?

Inspiro a neblina das palavras
e me condenso

sou essa chuva
que não te molha

sou essa sombra
que não te segue

essa miragem entre nós
que te dispersa

Quadrilha

Eu amava Mim
que amava Você
que não amava Ela
que casou-se com Ninguém
que não tinha entrado nessa história

Reflexo de Safo

Nas ruínas desse
eu
que do teu fragmento
faz
um todo
leio ainda o ciúme
que me quebra
agora
em mil pedaços

E em retrovisor introspectivo
vejo
o olhar amado
                em outros olhos
seu desejo
         em outro corpo
e a dor arcaica
sem pudor
       es
            tilhaça

-me a miragem
precária
sua amada?

Contemplo em teus olhos
o casal enamorado
e já não estou presente

sou   a
        penas
                porvir

Bildung
(a partir da obra homônima de Leila Danziger)

Um vento sopra em livro aberto
ruínas, ruídos, runas
redemoinhos
murmuram
em cada in-fólio

Páginas abrem páginas
em infinitas cópulas
e em cada linha
crescem linhagens

Num álbum vermelho
em espelho, em enigma
sou a que forma
e o informe
em formação

livro em branco
fechado
entre páginas, asas
abertas

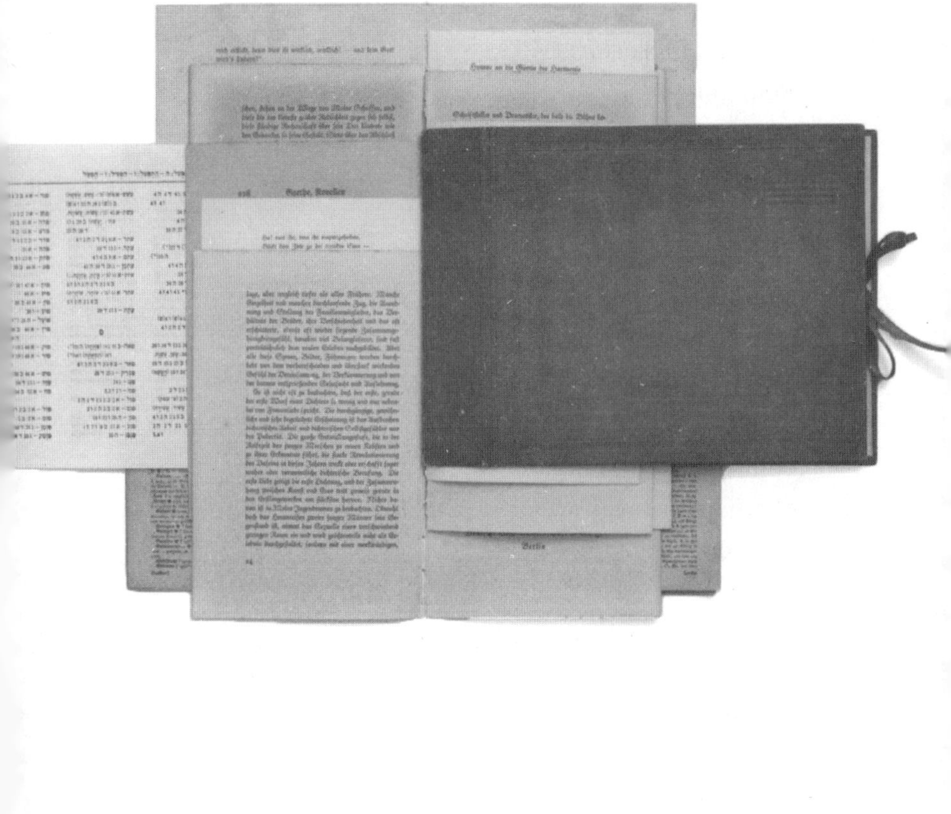

Uma conversa com Orides Fontela

(a partir de "Tempo", segundo poema de *Transposição*)

Li o seu poema
em silêncio
num murmúrio
no som da minha própria voz

Sei que vou reler ainda
muitas vezes
e que durante muito tempo
ele vai ficar trotando nos meus fluxos
sem rédeas

como uma pergunta informulada
sobre esse transporte
que acontece

quando a palavra cavalga
o fluxo

queria que você estivesse viva
e esse meu poema
pudesse ser
uma conversa

Não só porque há verso
em toda boa prosa
(coisa que você
sabia bem)
mas também
pra remontar na fala
ao fluxo
ainda xucro
e num salto

transpor
contigo
o ritmo
em canto em vida em flor

Ecos reflexos
(três fotografias de Vivian Maier)

Assim me desdobro em dobro:
alfombra de relva e sombra,
reflexo côncavo, espectro
que oásis cíclico assombra.
Obram as dobras: eu e eu
Eurídice aqui é Orfeu

Eros fora do espelho, eu
apareço e me endereço.
Entre eco e ego, meço
tua imagem nesta sombra
tuas mãos neste vislumbre
Serás Romeu ou Perseu?

Preso em bandeja de prata,
o reflexo do serviço
assombra meu rosto: tipo
que não dissipo. Resgata-
me, talvez, vislumbre ou viço
– o vício daguerreótipo

Espelho, espectro meu,
Narciso ainda sou eu?

Confinamento

Diário

22 de abril de 2020

Lá fora o dia azul
traz os jornais
e seu lote de mortos.

Encolho-me aqui no meu
canto
mais triste.

Sei que o mal
está no ar fresco
desta manhã luminosa
mas as mortes cotidianas não
me convencem.

Como acreditar Naquela que
me espera?

26 de outubro

Ele saiu de novo pra fazer compras
eu passei o dia dentro do quarto
e ainda não voltei do trabalho

07/11

A vida se achata entre muitas telas

Enquanto isso a aranha espreita
sempre no centro da teia

Como explicar que o exílio
são essas casas sem portas
entre infinitas janelas?

Abril de novo *(interminável)*

Semanas e semanas sem correio
mas a morte chega online
todos os dias pelos jornais

22 de abril de 2021

Na tela luminosa
o país é um mapa
cheio de pontos
vermelhos

Pixels ardem nos olhos
mas não vejo
a fumaça

O país vai ficando
cada vez mais mapa
na distância
o mapa
cada vez mais vermelho
na tela

Parece um coração
pulsando
Parece um coração
parando

Data

Um poema sobre a morte
é forçosamente um poema
sobre fronteira

Um poema sobre a morte
é sempre um poema
em impasse

Num poema sobre a morte
falta a data

Sou algum lugar entre duas datas

Origem

No início de tudo era um ritmo
e a refração acústica
daquela voz
no líquido já existente
antes disso
que se distingue de tudo:
esse ritmo
que me precede
e permanece desperto
quando adormeço

Onde (I)

Encosto a cabeça no teu peito
e ouço o imenso
horizonte líquido do tempo

Nesse mesmo gesto
escuto e entendo: pergunto

o corpo é barco e oceano

onde o marinheiro?

O corpo que flutua me dissolve

Quando destroços do meu coração foram bater na praia

Bem antes desta voz que abarca
a amplitude informe do fluxo em frases
articuladas, havia já o ritmo
líquido e constante,
seus duplos e ecos.

Mas desse tempo sei
só o que imagino
e o que escuto por dentro
em meus ruídos.

Esse ritmo que ausculto
escutei também em teu corpo
numa tarde na praia,
num tempo ensolarado de verão
que ecoava escoava no silêncio
de nossos rumores marítimos.

Juntos no barco estreito,
em algum ponto entre as quatro datas
que nos circunscrevem,
derivamos.

O amor foi um lindo naufrágio
que se declina sempre no presente.

Depois do verão intenso e curto
veio a longa temporada do receio
e também estivemos exilados no íntimo.

"O coração é um misterioso recinto",
disse Ana Hatherly
sobre as fibrilações insistentes do medo.

Nele habitamos juntos.

Meses e meses de interioridades compartilhadas.

A palavra home escrita em corda
num hall de hotel em Bordeaux,
teu nome de Veneza na minha Calcutá deserta,
a piece of beauty e a coisa mais triste,
e tudo o que você não disse
quando me queixei dos teus silêncios.

« On se sait par cœur », dizem os franceses.

"Comboio de corda", disse Pessoa,
do coração de arremedo,
este martelo de brinquedo,
circulação que irriga
nossos enredos e gira
nas calhas do desejo,
do inventário
à invenção.

Escrever ressoa
fácil
como esquecer.

Achados
& perdidos

Autobiografia

Perdi

muitos álbuns de retrato no pouco que restou do primeiro amor

o que há de imperceptível metamorfose
no filho que cresceu de repente

tempo demais na sala de espera

Achei

o amor, ainda
nos cacos mal recolados
da partida

a hora certa
no relógio que parou

metros de verso em retalhos de prosa

Soneto encontrado num pedaço de prosa

Andei perdendo coisas que me são
bem caras: a caneta cuja ponta
de pena começava a se ajustar
à minha escrita, aquele cachecol

favorito, a bonita tese sobre
metáfora, que lia com prazer.
Tomei algumas notas sobre isso
pra escrever um soneto. Eu queria

reencontrar esses objetos todos
na forma circular das quatro estrofes,
no ritmo repetido, no arcaísmo

das rimas. Mas perdi também o bloco
contendo essas e outras notas minhas.
Perdi meu tempo. Acho que foi isso.

O metro e o imenso

Sonhei que lia um soneto imenso
no texto arquitecido, denso e tenso
perdia-me de mim, eu mesma era
leitura apenas, à deriva, mera

ressaca que retorna na quimera
duma rima, na espuma do imenso,
o tempo movediço, denso e tenso,
em ritmo apenas, à deriva, mera

presença na palavra, grão na voz
de quando em quando, numa outra era
a onda que retorna. Essa quimera,

na manhã sem pretexto, voz em foz
desfez. No extenso, o denso, perco e penso:
oceano sem contornos, imenso

Onde (II)

entre o barco e o arco
do horizonte
movediça
onda

onde?

Fontes iconográficas

"Mãos negativas" e "Mãos positivas"

Pinturas pré-históricas, cerca de 9300 a.C., Cueva de las Manos, vale do rio Pinturas, Argentina.

"A origem do mundo"

Michelangelo Buonarroti, *Criação de Adão*, afresco pintado por volta de 1511 no teto da Capela Sistina.

Gustave Courbet, *A origem do mundo*, 1866, Museu d'Orsay, Paris.

Harmonia Rosales, *Criação de Deus*, 2017.

"Não sei o quê"

Élisabeth Vigée Le Brun, *Autorretrato*, 1790, Galleria degli Uffizi, Florença.

Élisabeth Vigée Le Brun, *Autorretrato*, 1800, Museu Ermitage, São Petersburgo.

"Artemisia Gentileschi"

Artemisia Gentileschi, *Autorretrato (ou Alegoria da pintura)*, cerca de 1630, Galleria Nazionale d'Arte Antica, Palazzo Barberini, Roma.

"Pontos de vista"

Arquivo pessoal.

"Ecos reflexos"
Vivian Maier, autorretratos fotográficos, anos 1950.

"Ekphrasis"
Paul Klee, O *conto do anãozinho*, 1925, coleção privada, imagem em domínio público.

"Bildung"
Leila Danziger, *Bildung*, 2014-2018, coleção pessoal.

Poemas deste livro publicados anteriormente

"Origem", "[Um ritmo]", "Onde (I)", "Diário (as entradas "22 de abril de 2020", "26 de outubro", "22 de abril de 2021"), "Interior burguês", "Wohnungsgemeinschaft", "Soneto encontrado num pedaço de prosa", "O metro e o imenso": revista *eLyra*, n. 21, curadoria de Ida Alves e Célia Pedrosa, julho de 2023.

"Reflexo de Safo", "Ekphrasis", "Data", "Mãos negativas", "Mãos positivas": *Brésil: poésie intraitable* (antologia bilíngue de poesia brasileira contemporânea organizada e traduzida por Inês Oseki-Dépré), col. Al Dante, Les presses du réel, 2022.

"A origem do mundo", "Uma conversa com Orides Fontela", "Soneto encontrado num pedaço de prosa": revista *Pessoa*, coluna "Fingimento", curadoria de Luci Collin, 10 de maio de 2022.

"22 de abril de 2020" e "22 de abril de 2021", que integram a série "Diário": projeto *Mapas do confinamento*, curadoria de Gabriela Ruivo Trindade, 11 de junho de 2021.

"Uma conversa com Orides Fontela": revista *Cult*, curadoria de Natália Agra, 20 de abril de 2020.

"Philomèle", versão francesa do poema "Filomela (I)": *Po&sie*, n. 167-168, dossiê *des Oiseaux*, organização de Michel Deguy e Martin Rueff, junho de 2019.

"Golem (I)", sob o título de "Alquimias da palavra": coleção de plaquetes *Vozes versos*, curadoria de Heitor Ferraz Mello e Tarso de Melo, Editora Martelo, abril de 2019.

"Filomela (I)", "Onde (I)": *Jornal Rascunho*, curadoria de Mariana Ianelli, fevereiro de 2019.

"Golem (I)" e "Golem (II)": revista *Gueto*, curadoria de Tito Leite, 8 de fevereiro de 2019.

"Reflexo de Safo", "O eu e eu", "Golem (II)", "Espelho", "Bildung": *O Nervo do poema: antologia para Orides Fontela* (organização de Paulo Henriques Britto e Patrícia Lavelle), Relicário, 2018.

© Ozias Filho

Sobre a autora

PATRÍCIA LAVELLE nasceu no Rio de Janeiro, é professora de teoria literária na PUC-Rio, pesquisadora do CNPq. Fez doutorado em filosofia na Escola de Altos Estudos em Ciências Sociais (EHESS), Paris, cidade onde morou entre 1999 e 2014. Estreou em poesia com *Bye bye Babel* (7Letras, 2018/2ª ed. 2022, menção honrosa no Prêmio Cidade de Belo Horizonte de 2016). Este livro saiu na França, em versão translíngue (Les presses du réel, 2023), e foi traduzido ao espanhol. Publicou também a plaquete *Migalhas metacríticas* (Megamíni, 2017). Participou das antologias *Um Brasil ainda em chamas*, editada em Portugal (2022), *Brésil: poésie intraitable* (2022), *Poetas contemporâneas do Brasil* (2021), entre outras. Tem contribuído com poemas e traduções de poesia brasileira contemporânea para as revistas francesas *Po&sie* e *Place de la Sorbonne*. Para a revista *Cult*, fez a curadoria da coluna "Arcas de Babel", reunindo traduções de poesia. Coorganizou *O Nervo do poema: antologia para Orides Fontela* (Relicário, 2018). É autora de livros de ensaio publicados no Brasil e na França, entre os quais o mais recente é *Walter Benjamin metacrítico: uma poética do pensamento* (Relicário, 2022).

1ª edição [2023]

Esta obra foi composta em Lora e Clash Display e impressa
sobre papel Pólen Bold 90 g/m² para a Relicário Edições.